Commentaire

Par Alice Horlait

AF271902

Hippias Majeur

Platon

lePetitPhilosophe.fr

PLATON

PHILOSOPHE GREC À L'ORIGINE DE LA THÉORIE DES IDÉES

- **Né vers 427 av. J.-C. à Athènes**
- **Décédé vers 347 av. J.-C. dans la même ville**
- **Quelques-unes de ses œuvres :**
  - *Le Banquet*
  - *Le Phèdre*
  - *La République*

L'œuvre de Platon constitue un moment essentiel dans l'histoire de la philosophie : Platon est le premier philosophe dont presque tous les écrits nous sont parvenus ; son œuvre est un monument à la fois littéraire et philosophique et il a abordé tous les thèmes qui seront au cœur de l'histoire de la philosophie à tel point qu'Alfred North Whitehead (1861-1947) a pu écrire que la philosophie occidentale était une suite de notes de bas de page à son œuvre !

Platon nait à Athènes vers 427 av. J.-C. dans une famille aristocratique. L'évènement capital de sa vie est sa rencontre avec Socrate (469-399 av. J.-C.), dont il suivra l'enseignement jusqu'à la condamnation à mort de ce dernier en 399 pour impiété et corruption de la jeunesse. De cet épisode, Platon conservera une méfiance tenace à l'égard de la démocratie. Il défendra la pensée de son maitre dans des dialogues qui mettent en scène Socrate s'entretenant avec des jeunes gens, sophistes, politiques ou militaires. En 387, il fonde l'Académie, qui est la première grande école de philosophie et de mathématiques de l'Antiquité.

L'HIPPIAS MAJEUR

LE BEAU DANS TOUS SES ÉTATS

Platon a consacré deux dialogues au sophiste Hippias (vers 443— entre 396 et 390 av. J.-C.) et tous deux prennent place dans le même contexte : celui de la présence d'Hippias à Athènes pour donner une conférence. L'*Hippias Majeur* traite de la question du beau, l'*Hippias Mineur* aborde celle de la tromperie.

L'*Hippias Majeur* pose la question « Qu'est-ce que le beau ? » et met en scène une foule d'opinions sur le sujet, chacune à son tour soigneusement réfutée jusqu'au constat final : les belles choses sont difficiles. L'*Hippias Majeur* est un dialogue aporétique (du grec *aporia*, « embarras, difficulté ») : il emprunte différents chemins qui ne mènent nulle part. Mais peut-être le chemin lui-même, constitué de questions et de réponses, aura-t-il permis de déterminer un peu plus ce qu'est le beau. Platon ne nous livrera pas de réponse définitive, l'essentiel étant de créer chez son lecteur le désir de comprendre et de chercher.

MISE EN CONTEXTE

LE GENRE DU DIALOGUE

La classification généralement acceptée des dialogues de Platon distingue trois groupes :

- les dialogues de jeunesse, dits « socratiques » ;
- les dialogues de maturité ;
- les dialogues de vieillesse.

L'*Hippias Majeur* appartient aux **dialogues de jeunesse**. Ceux-ci sont tout d'abord une façon pour Platon de **rendre hommage à son maitre, Socrate**, qui en est le personnage privilégié, et à la méthode socratique, qui consistait à réfuter les croyances erronées de ses interlocuteurs en leur posant des questions. Mais de manière plus générale, le choix de la forme dialoguée est également lié à la conception platonicienne de la philosophie et de la pensée elle-même : **la pensée** est décrite par Platon comme **le dialogue intérieur de l'âme avec elle-même** qui procède par questions et réponses.

Les dialogues socratiques sont composés comme suit :

- **une question qui touche au thème de la vertu**. Socrate rencontre ceux qui passent pour des maitres en une certaine vertu et les interroge sur cette vertu en leur posant la question « qu'est-ce que ? ». « Qu'est-ce que le beau ? », demande Socrate à Hippias qui prétend faire des discours sur les belles occupations. Le beau (*tò kálon*) possède pour les Grecs une signification éthique, c'est-à-dire qu'il est lié au bien ;

- **une réfutation systématique des opinions**. Ses interlocuteurs proposent différentes réponses systématiquement réfutées par Socrate qui ne prétend lui-même à aucun savoir. Cette réfutation des opinions fausses est purificatrice et salvatrice : les interlocuteurs, contraints de reconnaitre leur ignorance, désirent savoir (alors qu'ils n'avaient pas ce désir auparavant puisqu'ils croyaient savoir) ;

- **une aporie finale**. Ayant vu toutes leurs croyances réfutées, les interlocuteurs de Socrate se retrouvent dans l'embarras. Ainsi, les dialogues n'offrent apparemment aucune solution à la question posée au départ. C'est ce qui leur vaut l'appellation de « dialogues aporétiques », du grec *aporia* qui signifie embarras (proprement : *a-póros*, absence de chemin ou de moyen).

LES SOPHISTES, NOUVEAUX ÉDUCATEURS DE LA GRÈCE

À côté de Socrate lui-même, les dialogues platoniciens mettent en scène d'autres personnages historiques, notamment certains grands sophistes comme Protagoras (vers 485— vers 411 av. J.-C.), Gorgias (vers 483 — vers 374 av. J.-C.) ou Hippias.

Il est bien connu que Platon était en opposition avec les sophistes. Selon le philosophe**, les sophistes prétendent être les nouveaux savants et éducateurs** de la Grèce en enseignant la vertu contre une rémunération. Ils apprennent les règles de rhétorique et **tous les moyens permettant d'emporter l'assentiment d'un auditoire** à propos de n'importe quelle opinion, sans égard pour sa véracité. C'est pourquoi, à la fin du dialogue, dans sa dernière réplique, Hippias avancera que le beau réside dans la capacité de produire un discours qui emporte l'adhésion générale.

Dans l'*Hippias Majeur*, la figure du sophiste se fait vraiment caricaturale : vanité, indifférence à la vérité, amour de l'apparence, gout immodéré pour les honneurs et l'argent, et savoir fragile. **Hippias**, se prétendant expert en toutes sortes de choses, est **tout le contraire de Socrate, dont la sagesse consiste à reconnaitre son ignorance**. Si Socrate est plus sage que la plupart des hommes, ce n'est pas parce qu'il possède un savoir plus étendu mais simplement parce qu'il ne croit pas savoir ce qu'il ne sait pas.

EXPLICATION ET ANALYSE DU TEXTE

Le dialogue se divise en **deux parties** principales précédées d'un prologue qui nous instruit sur le personnage d'Hippias et introduit la question centrale du dialogue.

- Dans la première partie, **Hippias propose trois définitions** du beau qui seront tour à tour réfutées.
- Dans la seconde partie, **Socrate avance trois hypothèses** quant à ce que pourrait être le beau.

On peut déjà dire que les **trois définitions d'Hippias relèvent d'une même confusion entre l'idée du beau**, une et identique à elle-même, **et les belles choses**, multiples et changeantes. Quant aux hypothèses de Socrate, elles seront également rejetées, mais peut-être auront-elles permis au lecteur d'approcher d'un peu plus près l'idée du beau.

LA THÉORIE DES IDÉES

Platon introduit un dualisme entre monde sensible et monde intelligible :

- le monde sensible, celui qui nous entoure, auquel nous accédons par nos sens, est un monde en perpétuel devenir où les choses se transforment, sont multiples et particulières, ce qui nous empêche de connaitre les objets sensibles de façon stable. C'est le règne de l'opinion ;
- le monde intelligible est peuplé d'idées accessibles par la seule pensée. Les Idées sont des réalités

éternelles et immuables qui constituent l'unité d'une multiplicité (il existe une idée du beau pour la multiplicité des choses belles qui peuplent le monde sensible) et l'identité d'une diversité (l'idée du beau est ce qui est identique dans les différentes choses belles).

L'idée du beau est aussi la cause des choses belles. Lorsque Platon pose la question « Qu'est-ce que le beau ? », il cherche quelque chose qui soit beau dans tous les cas, dans toutes les circonstances : l'idée du beau. Les Idées rendent possible la connaissance véritable.

PROLOGUE : INTRODUCTION À LA QUESTION DU BEAU

Socrate introduit la question qui va les occuper, lui et **Hippias**, pendant le reste du dialogue, celle du beau, et il évoque **un troisième personnage**, anonyme. Cet homme l'aurait mis dans l'embarras, un jour qu'il parlait des choses belles et laides, en lui demandant comment il pouvait parler de ces choses sans savoir ce qu'est le beau (*tò kálon*). Socrate avoue n'avoir pas trouvé de réponse à cette question et demande à Hippias de l'aider en lui exposant « ce qu'est le beau lui-même » (p. 65). On retrouve ici le couple, cher à Platon, qui oppose l'ignorance feinte de Socrate au savoir apparent du sophiste.

La question de Socrate est celle de la définition : **« Qu'est-ce**

que le beau ? ». Cette question pose l'idée du beau, c'est-à-dire ce qui fait que les choses belles sont belles. Socrate prend trois exemples pour bien faire comprendre cette question à Hippias : la justice, le savoir et le bien. Il demande d'abord si c'est par la justice que les gens justes sont justes, par le savoir que les gens savants sont savants et par le bien que toutes les choses bonnes sont bonnes. Ensuite, Socrate fait reconnaitre à Hippias que la justice, le savoir et le bien sont des réalités qui existent en elles-mêmes, indépendamment des choses qu'elles déterminent.

Il en va de même pour le **beau** : il **existe indépendamment des belles choses et il en est la cause**, c'est par le beau que les choses belles sont belles. Ainsi, le beau n'est pas simplement un mot ou un attribut : c'est une idée et cette idée existe, elle est plus réelle que les choses sensibles qui nous entourent.

PREMIÈRE PARTIE : LE BEAU SELON HIPPIAS

Malheureusement, **Hippias confond « ce qu'est le beau »** (l'idée du beau) **et « ce qui est beau »** (les belles choses). Et on verra tout au long de l'entretien que, malgré la clarification préalable de Socrate, Hippias ne comprendra jamais la différence entre l'idée du beau et les choses qui sont belles.

Il va donner au cours du dialogue trois définitions du beau qui témoigneront à chaque fois de sa compréhension erronée de la question initiale.

Première définition : le Beau, c'est une belle vierge

En disant que le beau, c'est une belle vierge, Hippias est certain de ne pouvoir être réfuté car **il croit que son opinion est partagée par tous**. Selon lui, celui qui oserait dire qu'une belle vierge n'est pas le beau se couvrirait de ridicule. Socrate le réfute pourtant : une belle jument et une belle lyre sont aussi de belles choses, de même qu'une belle marmite. Hippias s'offusque de cette proposition vulgaire au vu de la solennité de leur entretien. Mais pour Platon, il n'y a pas d'objet indigne de la recherche philosophique et si l'on peut poser des idées pour le beau, le juste ou le bien, on peut aussi en poser pour des objets qui pourraient sembler grotesques comme le poil, la boue et la crasse (PLATON, *Parménide*, 130 c). Hippias reconnait qu'une marmite bien faite peut être belle mais il lui semble que la beauté de la marmite n'est pas comparable à celle de la jeune fille : la plus belle marmite sera laide comparée à une belle jeune fille. Mais, rétorque l'homme anonyme par la voix de Socrate, la plus belle des jeunes filles n'est-elle pas laide à côté des dieux ? Ce qu'Hippias admet volontiers.

Dès lors, **sa première définition** à la question « Qu'est-ce que le beau ? » **est réfutée : une belle vierge peut être tantôt belle, tantôt laide, selon qu'on la compare à une marmite ou à une déesse**. Et Socrate de rappeler **la question initiale** : il ne s'agit pas de donner des exemples de choses belles mais de lui dire **ce qu'est le beau, c'est-à-dire ce qui s'ajoute aux belles choses pour les rendre belles**, qu'il s'agisse d'une lyre, d'une jument ou encore d'une marmite.

Deuxième définition : le Beau c'est l'or

Le beau c'est l'or, dit alors Hippias, car lorsqu'on l'ajoute à n'importe quelle chose, même laide, il la rend belle, **il la fait apparaitre belle**. À nouveau, Socrate le réfute en prenant un exemple sensible, celui d'une œuvre d'art célèbre, la statue d'Athéna réalisée par Phidias : pour la réalisation de celle-ci, le sculpteur a choisi d'assembler différents matériaux, et si sa tunique est d'or, son corps est fait d'ivoire et ses yeux de pierres précieuses. Alors, demande Socrate, l'ivoire et les pierres sont-ils aussi de belles choses ? Et Hippias de répondre que ce sont de belles choses lorsqu'elles conviennent et des choses laides lorsqu'elles ne conviennent pas.

S'ensuit **un bel exemple de la méthode de réfutation (*elenchos*) de Socrate** : en s'appuyant sur la nouvelle opinion d'Hippias que sont belles les choses qui conviennent, il réfute sa première opinion suivant laquelle l'or est beau. Pour ce faire, Socrate revient à l'exemple culinaire : quelle cuiller conviendra le mieux pour remuer la purée dans la marmite, celle en or ou celle en bois de figuier ? Et Hippias d'admettre que la cuiller en bois de figuier convient mieux puisqu'elle parfume agréablement la potée, tandis que celle en or risquerait de casser la marmite. Si la cuiller d'or ne convient pas, on peut dire qu'elle est laide, puisque Hippias avait reconnu précédemment que ce qui convient est beau et qu'inversement ce qui ne convient pas est laid.

On se retrouve donc face au même problème que lors de la première définition d'Hippias : **l'or peut être tantôt beau, tantôt laid en fonction de sa convenance**. Il ne peut donc être le beau. Hippias semble comprendre alors que le beau recherché est « quelque chose qui, jamais, nulle part et pour personne ne puisse apparaître laid » (p. 76). Pourtant, la troisième définition qu'il propose prouve qu'il n'a toujours pas saisi la question.

Troisième définition : le Beau c'est la richesse, la santé et les honneurs

Ce qu'il y a de plus beau pour un homme, en tout temps, en tout lieu et pour tous, c'est d'être riche, bien portant et honoré par les Grecs ; d'atteindre la vieillesse, d'avoir fait à ses parents de belles funérailles et de recevoir soi-même de ses enfants un bel et magnifique enterrement. (p. 76-77)

Cette proposition d'Hippias correspond à une conception de la vie bonne tout à fait traditionnelle envers laquelle Platon est très critique. C'est précisément **parce que c'est une opinion commune** qu'**Hippias la croit irréfutable**. Le sophiste croit que la bonne réponse est celle qu'attend son auditoire. Malheureusement pour lui, Socrate, doublé du mystérieux inconnu, n'est pas bon public pour ce genre de réponses. Socrate le prévient : pour cette définition, l'homme anonyme « va se moquer de nous deux au plus haut point » (p. 77) ; pire, il risque même d'en venir aux coups !

Hippias passe encore à côté de la question initiale. Socrate cherche ce qui est beau pour tous et pour toujours, et non pas comme le croit le sophiste quelque chose qui sera jugé beau par tous. En effet, pour Platon, l'accord des hommes sur une opinion, même s'il est universel, reste de l'ordre de l'opinion et ne peut constituer une connaissance. Une chose pourrait paraître belle à une multitude de personnes, ce n'est pas pour autant qu'elle sera véritablement belle.

Même si la troisième opinion d'Hippias ne porte plus sur un objet mais sur un usage, une conduite, elle n'en est pas moins réfutée de la même façon par Socrate. Voici comment : Hippias a reconnu que le beau doit être toujours beau, or sa définition ne fonctionne pas dans le cas des héros et des dieux. Il ne peut être beau pour Achille ou Héraclès, deux héros de la mythologie grecque, d'être enterrés après leurs parents puisque ceux-ci sont des dieux et sont donc immortels. Ainsi, **la dernière définition d'Hippias est soumise à la même réfutation** que les deux précédentes : enterrer ses parents et être enterré par ses enfants n'est pas toujours beau mais peut être parfois laid.

Généralement dans les dialogues aporétiques, l'interlocuteur de Socrate qui a vu systématiquement réfutées toutes ses tentatives de définition, se trouve dans l'**embarras** : il **reconnait son ignorance**. Cette étape purificatrice est indispensable à toute recherche ultérieure puisque tant que l'on croit savoir on n'éprouve guère le désir de chercher et de connaitre. Or, dans ce dialogue, **à aucun moment on n'entend d'aveu de la sorte de la part d'Hippias**. Même s'il est à court d'opinion, il assure que, s'il était seul, il trouverait la réponse.

SECONDE PARTIE : LES HYPOTHÈSES DE SOCRATE

Dans la seconde partie du dialogue, c'est Socrate qui prend la relève en proposant à son tour trois tentatives de définition. À la différence d'Hippias, il n'assène pas ses opinions comme des réponses irréfutables et définitives, mais montre un chemin pour la recherche en les posant comme **des hypothèses à examiner**.

Les hypothèses de Socrate nous confrontent à des questions plus complexes : **le beau** n'est plus un simple objet ou un état (la jeune fille, l'or ou l'homme qui a réussi), mais **un principe en vertu duquel les choses belles sont belles**. Ainsi, les suggestions de Socrate orientent notre regard vers un niveau supérieur qui n'est plus celui des objets sensibles, mais celui des idées.

Première hypothèse : le Beau, est-ce le convenable ?

La première hypothèse de Socrate revient sur la deuxième définition d'Hippias qui avait reconnu que l'or est beau lorsqu'il convient et laid lorsqu'il ne convient pas. Le beau ne serait-il pas le convenable qui, lorsqu'il s'ajoute aux choses, les rend belles ? Se pose alors la question de savoir si **le convenable, en s'ajoutant aux choses, les rend belles ou bien les fait seulement paraître belles ?** Et Hippias de répondre que le convenable donne une apparence de beauté aux choses – comme lorsqu'un homme ridicule, en mettant des vêtements bien ajustés, paraît plus beau.

À cette réduction du beau à la beauté extérieure, accessible aux seuls sens, Socrate oppose que le beau n'est pas une qualité apparente : l**e beau est ce par quoi les choses belles sont belles, qu'elles paraissent belles ou non**. Les choses belles ne semblent pas toujours belles et peuvent parfois paraître laides : la beauté intérieure ne se manifeste pas toujours extérieurement. C'est la leçon d'un autre dialogue de Platon, *Le Banquet* : Socrate y est comparé aux sculptures de silènes, sortes de boites à l'effigie du satyre du même nom (personnage comique, laid et toujours ivre) mais cachant en elles des figurines en or des dieux. En effet, son enveloppe extérieure – son physique, ses manières mais aussi ses discours – a peut-être la laideur et le grotesque du satyre mais à l'intérieur, on y trouve tout ce qu'il y a de plus divin et de plus beau : intelligence, sagesse et vertu (PLATON, *Le Banquet*, 215 a-b, 216 d et 221 d).

Mais **Hippias tient trop à l'apparence** et propose que le convenable soit ce qui rend les choses belles et les fait apparaitre comme telles. Cela pose problème car, dans ce cas, il serait impossible qu'une chose qui soit réellement belle ne paraisse pas belle, or il existe une beauté qui n'est pas visible pour les yeux. En outre, cela n'expliquerait pas les querelles que suscite un tel sujet : **si les choses vraiment belles apparaissaient toujours belles, le beau ne serait pas un sujet qui divise l'opinion**.

Deuxième hypothèse : le Beau, est-ce l'utile ?

Socrate propose cette hypothèse de recherche – le beau est l'utile – en prenant l'exemple du regard : on appelle beaux les yeux qui sont capables de voir et qui nous sont utiles (p. 85). **L'hypothèse de l'utile tend à sortir la question du beau de l'apparence pour aller vers une qualité plus interne, vers le sens éthique du beau**. Ainsi, les choses sont belles en fonction de leur utilité. Ce qui est laid, en revanche, est ce qui ne présente pas d'utilité. L'examen de cette deuxième hypothèse mène les interlocuteurs à considérer une série d'autres hypothèses qu'Hippias ne comprendra pas, contraignant Socrate à les abandonner.

- **La puissance est-elle une belle chose ?** En suivant l'exemple du regard, on peut dire que **l'utile semble être ce qui a la puissance de faire quelque chose** (voir, pour des yeux), tandis qu'est inutile ce qui en est incapable. On peut donc dire que la puissance est une belle chose tandis que l'impuissance est laide. Mais Hippias ne comprend pas le terme de « puissance » et l'interprète comme « pouvoir » en disant qu'il n'y a rien de plus beau que d'exercer le pouvoir politique et rien de plus laid que d'y être soumis (p. 87). Or Socrate ne parle point de puissance au sens de pouvoir politique mais de la puissance de la science, du pouvoir de l'âme à chercher et à connaitre.
- **La science est-elle la plus belle des choses ?** C'est pour cela qu'il arrive à cette hypothèse que la science est la plus belle chose et l'ignorance la plus laide, **si l'on entend la connaissance comme puissance et l'ignorance comme impuissance**. Mais Socrate rejette cette hypothèse comme suit : si l'on peut reconnaitre – et Hippias le reconnait – que la puissance et l'utile peuvent servir à réaliser des choses mauvaises, on ne peut plus les identifier au beau (nous l'avons vu, le beau a chez les Grecs une connotation éthique qui l'apparente au bien).

La crainte de Socrate à l'égard de cette thèse – que le savoir soit la plus belle des choses – pourrait nous surprendre car celle-ci s'accorde avec la pensée platonicienne. Pour Platon, la puissance, identifiée à la connaissance, ne peut faire le mal : **nul ne fait le mal volontairement mais par**

ignorance. Le mal est un défaut de connaissance, il ne résulte pas d'un choix réfléchi. Alors **pourquoi Platon fait-il échouer cette idée dans ce dialogue ?** On peut avancer l'idée que Socrate ne peut s'arrêter sur cette hypothèse car alors elle deviendrait une opinion comme une autre qu'Hippias pourrait répéter sans la comprendre. Ou peut-être que cette hypothèse ne peut fonctionner étant donné le sens que donne Hippias à la puissance : selon lui, la puissance est un pouvoir qui soumet l'autre, conception qui sépare la puissance de la connaissance et donc aussi du bien. Or si la puissance est séparée du savoir, l'utile l'est aussi, et l'utile sans le savoir n'est pas le beau, ni le bien. On pourrait même se demander ce qu'il a encore d'utile.

Socrate doit chercher une nouvelle notion qui contiendrait ensemble le bien, le savoir et l'utile. **C'est sans doute parce qu'Hippias ne voit pas la liaison intrinsèque de l'utile et de la puissance au bien et à la connaissance que Socrate est obligé de rejeter l'identification de l'utile au beau** et de proposer la nouvelle hypothèse de l'avantageux.

• **Le beau est-ce l'avantageux ?** En effet, nous dit Socrate**, le puissant et l'utile, s'ils font le bien, peuvent être identifiés au beau** : c'est cela que l'on nomme l'avantageux. Ainsi Socrate assure la liaison entre l'utile, le bien et la connaissance.

Pourtant **cette identification du beau à l'avantageux va également être remise en cause**, et ce par un raisonnement quelque peu épineux : l'avantageux produit du bien, donc on peut dire qu'il est la cause du bien et, dès lors, que le beau est la cause du bien. Or il faut différencier la cause de l'effet. **Le beau n'est donc pas le bon et le bon ne peut être le beau**. Arrivé à cette conclusion, Socrate note que c'est la proposition qui le convainc le moins jusqu'à présent et c'est ce qui lui fait dire que leur merveilleuse hypothèse selon laquelle le beau est l'utile, l'avantageux et la puissance de produire quelque bien est en fait encore plus ridicule que les précédentes qui proposaient de trouver le beau chez une vierge ou dans l'or.

Pourquoi Platon fait-il dire cela à Socrate ? Alors que l'on approchait d'une définition qui semblait reprendre la correspondance typiquement platonicienne entre le beau, le bien et le savoir, Socrate l'écarte comme plus ridicule encore que les définitions d'Hippias. On peut avancer plusieurs réponses. Peut-être Socrate ne peut-il accepter que le beau soit la cause du bien car dans la pensée platonicienne c'est le bien qui est cause de toutes choses ? Peut-être est-ce pour bien faire comprendre à son lecteur que le beau comme cause des choses belles est radicalement différent de ses effets ? En tous cas, ce raisonnement **jette le lecteur dans l'embarras au même titre que Socrate, qui avoue ne plus savoir vers où se tourner** (p. 93). Seul Hippias ne semble pas se troubler et continue à prétendre qu'en y réfléchissant, il finira bien par trouver la bonne réponse.

Troisième hypothèse : le beau, est-ce le plaisir qui nous vient de la vue et de l'ouïe ?

Avec cette hypothèse, **on quitte le sens éthique du beau, c'est-à-dire le sens lié à la question du bien, pour aller vers un sens esthétique** du beau, une conception du beau relative aux sensations. Les exemples donnés par Socrate de ce qui procure du plaisir aux sens de la vue et de l'ouïe sont les beautés des arts plastiques comme la peinture et la sculpture et celles de la musique ou de la poésie. Mais se pose d'emblée un premier problème : comment qualifier une loi ou une pratique de belles puisque celles-ci ne sont pas sensibles à la vue ni à l'ouïe ? Ce qui étonne le lecteur, c'est que cette objection pourrait déjà réfuter la troisième définition du beau. Pourtant, celle-ci va être examinée jusqu'à être finalement abandonnée à l'issue d'un raisonnement bien alambiqué.

Socrate se demande **d'où vient que ces plaisirs de la vue et de l'ouïe peuvent recevoir la qualité d'être beaux**, tandis que les autres plaisirs – ceux qui viennent du gout, de l'odorat et du toucher – sont privés d'une telle qualité ? Ces plaisirs de la vue et de l'ouïe ne peuvent être beaux du fait qu'ils sont des plaisirs, puisque les plaisirs qui viennent des autres sens, et qui sont tout autant des plaisirs, ne sont pas considérés comme beaux. **Le beau n'est pas à chercher dans le plaisir**. Mais ces plaisirs en question ne sont pas beaux non plus du fait qu'ils sont issus de la vue et de l'ouïe. Car si le beau est ce qui nous plait par la vue, les plaisirs qui viennent de l'ouïe ne peuvent plus être beaux et inversement. **Le beau n'est pas à chercher dans les sens pris séparément**.

Au final, ce qui fait la beauté de ces plaisirs n'est donc ni à chercher dans les plaisirs eux-mêmes, ni dans la vue ou l'ouïe séparément. Le beau vient d'ailleurs ! Il vient de l'idée du beau et de la capacité de l'âme à la saisir. C'est le sens de cette question de l'homme anonyme :

> « Donc, dira-t-il, si vous privilégiez ces deux plaisirs sur les autres plaisirs, c'est pour une autre raison que le fait d'être des plaisirs : c'est parce que vous **apercevez** sur tous deux une certaine qualité, qu'ils possèdent à la différence des autres. Et n'est-ce pas parce que vous **regardez** dans la direction de cette qualité que vous les appelez beaux ? »(p. 97)

Comment, en effet, pourrait-on **voir le beau** qui est commun à l'objet de la vue et à l'objet de l'ouïe si ce n'est **par le regard de l'âme** ? Si une peinture ou une musique sont belles, ce n'est pas parce qu'elles nous plaisent – car d'autres choses nous plaisent que nous n'appelons pas belles – et n'est pas non plus parce qu'elles sont vues ou entendues. Pourtant, ces plaisirs possèdent bien en eux une chose identique par laquelle ils sont beaux, ce caractère commun appartenant aussi bien aux deux ensembles qu'à chacun d'eux pris séparément. Et c'est ce caractère commun – qui les distingue des autres plaisirs – qui est précisément le beau. **L'idée du beau**, si elle rend belles les choses sensibles, **n'est pas elle-même une réalité sensible** : elle est au-delà des sens, c'est une réalité intelligible, c'est-à-dire qui est **saisie par la pensée**. Mais Hippias ne comprend pas, il ne voit pas l'idée du beau : il a bien des yeux pour voir les belles jeunes filles ou l'or, mais il lui manque le regard de l'âme.

La dernière hypothèse de Socrate avance que ce qui distingue les plaisirs de la vue et de l'ouïe des autres plaisirs, c'est qu'ils sont meilleurs. Ainsi les sens esthétiques et éthiques du beau se rencontrent : **le beau serait le plaisir avantageux**. Or, précédemment, l'hypothèse de l'avantageux avait déjà été réfutée et Socrate doit bien reconnaitre que l'entretien tourne en rond. Pourtant, que les plaisirs qui produisent du bien – car ils sont liés à la pensée – puissent être le beau est une hypothèse qui ne semble pas du tout s'opposer à la pensée platonicienne.

Mais le dialogue platonicien ne fournit **pas de réponse définitive** sur laquelle le lecteur puisse s'arrêter. Au contraire, il bouleverse les opinions pour secouer son lecteur dans ses certitudes et réveiller sa pensée. C'est pourquoi Socrate reconnait que **l'embarras peut être avantageux, car il nous apprend que les belles choses sont difficiles**.

Quant à **Hippias**, trop certain de son savoir, il n'aura rien appris. À aucun moment il ne semble reconnaitre son ignorance ni même admettre la difficulté de la question du beau, qu'il avait jugée dès le départ sans importance. La réfutation de ses opinions par Socrate est sans effet, comme le prouve sa dernière réplique, dans laquelle il critique, en vrai sophiste qu'il est, le discours de Socrate et révèle l'opinion fondamentale sur laquelle reposait chacune de ses définitions **: ce qui est beau c'est d'être capable de produire un discours qui emporte l'adhésion de l'auditoire**.

Mais l'aporie finale du dialogue est là aussi pour faire naitre le désir de comprendre chez le lecteur, là où Socrate échoue avec son interlocuteur. Le fait que les dialogues socratiques n'apportent pas de solution aux problèmes posés est en adéquation avec la pensée platonicienne : il importe que chacun s'efforce de les résoudre par soi-même. Si Platon termine son dialogue sur une aporie, ce n'est pas nécessairement parce qu'il est lui-même embarrassé, parce qu'il ne possède pas de solution, mais plutôt parce qu'il est indispensable de la trouver par soi-même. L'enseignement dogmatique n'instruit pas, on ne sait vraiment que ce que l'on a soi-même découvert (MOREAU [Joseph], *La Construction de l'idéalisme platonicien*, Paris, Boivin & Cie Éditeurs, 1939).

Votre avis nous intéresse !
Laissez un commentaire sur le site de votre librairie en ligne
et partagez vos coups de cœur sur les réseaux sociaux !

POUR ALLER PLUS LOIN

ÉDITION DE RÉFÉRENCE

- PLATON, *Hippias Majeur. Hippias Mineur*, traduction de Jean-François Pradeau et de Francesco Fronterotta, Paris, GF-Flammarion, 2005.

ÉTUDES DE RÉFÉRENCE

- BRISSON (Luc) et FRONTEROTTA (Francesco), *Lire Platon*, Paris, PUF, 2006.
- COULOUBARITSIS (Lambros), *Aux origines de la philosophie européenne. De la pensée archaïque au néoplatonisme*, Bruxelles, De Boeck, 2003.
- DIXSAUT (Monique), *Métamorphoses de la dialectique dans les Dialogues de Platon*, Paris, Vrin, 2001.
- DIXSAUT (Monique), *Platon et la question de la pensée. Études platoniciennes I*, Paris, Vrin, 2000.
- DIXSAUT (Monique), *Platon. Le Désir de comprendre*, Paris, Vrin, 2003.
- GOLDSCHMIDT (Victor), *Les Dialogues de Platon. Structure et méthode dialectique*, Paris, PUF, 1971.
- LALANDE (André), *Vocabulaire technique et critique de la philosophie*, Paris, PUF, 2002.
- MOREAU (Joseph), *La Construction de l'idéalisme platonicien*, Paris, Boivin & Cie Éditeurs, 1939.
- PARAIN (Brice) (dir.), *Histoire de la philosophie I*, Paris, Gallimard, 1969.
- PLATON, *Œuvres complètes*, traduction de Léon Robin, Paris, Gallimard, 1950.

- PLATON, *Premiers dialogues*, traduction d'Émile Chambry, Paris, GF-Flammarion, 1967.
- WHITEHEAD (Alfred North), *Procès et réalité. Essai de cosmologie*, Paris, Gallimard, 1995.

Rendez-vous sur lepetitphilosophe.fr et découvrez :

Plus de 1200 analyses
Claires et synthétiques
Téléchargeables en 30 secondes
À imprimer chez soi

L'éditeur veille à la fiabilité des informations publiées, les-
quelles ne pourraient toutefois engager sa responsabilité.

www.lepetitphilosophe.fr

ISBN version numérique : 978-2-8062-5519-8
ISBN version papier : 978-2-8062-5518-1
Dépôt légal : D/2017/12603/569

Conception numérique : Primento,
le partenaire numérique des éditeurs.

Made in the USA
Monee, IL
12 September 2021

77867062R00017